LA FRANCE VUE PAR LES SUISSES

Une sélection de dessins parus dans la presse suisse de 1995 à 2007.
Sous la direction de Patrick Chappatte

Glénat

SOMMAIRE

Des mêmes auteurs chez le même éditeur :
Chappatte, «La vie qu'on mène», Glénat Humour, 2006
Mix & Remix, «Ça baigne !», Glénat Humour, 2005

www.glenat.com

Dépôt légal : mars 2007
ISBN : 978-2-7234-5957-0
Achevé d'imprimer en Slovénie en mars 2007 par MKT Print
Tous les dessins de ce recueil sont parus dans la presse suisse.
Les dates de parution figurent sous les dessins.

PRÉFACE

À BONNE DISTANCE DE PARIS

Un jour, j'ai eu le malheur - et le bonheur - d'être interrogé par la télévision suisse romande sur les dessinateurs suisses. Et, sans faire ni une ni deux, j'explique doctement qu'il y a une nouvelle école du cartoon en Helvétie. Quelque chose de plus fort que la ligne claire chère aux Belges, plus fort que la rondeur rabelaisienne des dessinateurs de "Charlie Hebdo". C'est peut-être pour cela que Patrick Chappatte, le talentueux coordinateur de ce livre, m'a demandé de le préfacer. Je le fais volontiers, car pour diriger l'hebdomadaire "Courrier international" depuis près de 10 ans, il n'y a pas une semaine où dans nos pages nous n'ayons le plaisir de retrouver l'humour mordant des artistes rassemblés ici.

Qu'ils soient de vrais anars ou de faux méchants, les cartoonistes suisses usent de cette neutralité bienveillante pour chroniquer la planète, ses travers, ses déboires. Mais ce qu'ils aiment par-dessus tout, c'est nous critiquer. Nous ? Je veux dire les Français, ces naïfs qui se croient encore enfants d'une grande puissance. Car le regard suisse, d'habitude affable, se fait perçant quand il regarde au-delà du Jura. Il faut dire que Genève et Lausanne (comme jadis Ferney pour Voltaire) sont à la bonne distance de Paris, ni trop près ni trop loin : on y sait tout du petit et du grand monde de la capitale française, sans pour autant en faire partie. Hermann le dialoguiste, Barrigue au trait vif, Burki le sans pitié, Chappatte le plus politique, Mix & Remix volontiers cruel et délicieusement absurde, d'autres encore que je connais moins comme Alex, Vincent l'Épée, Elzingre ou Casal, tous ont ce talent d'épingler sans blesser, de critiquer sans vexer.

On s'en rendra compte à regarder ce volume, une grande part de leur attention se porte sur la politique, et avant tout sur le président et son premier ministre. Nos amis suisses, habitués qu'ils sont à leur Conseil fédéral, un gouvernement collégial souvent feutré, aiment ainsi s'en prendre à ce quasi-roi que les institutions françaises fabriquent tous les cinq ans avec l'aide des électeurs. Jacques Chirac, qui a cumulé un septennat et un quinquennat, ne sort pas indemne de ce recueil (j'aime particulièrement le bonnet d'âne dont l'affuble Burki en page 43)...

Alors, me demanderez-vous, existe-t-elle, cette école suisse du cartoon ? Non, sans doute, et c'est tant mieux. Chacun y va de son propre coup de crayon, les uns à la hâte, d'autres plus à l'étude. À vous maintenant de les apprécier.

PHILIPPE THUREAU-DANGIN
DIRECTEUR DE LA RÉDACTION, "COURRIER INTERNATIONAL"

23.01.2007

Ségo, Sarko & Co

Lassée des dinosaures politiques et autres éléphants de parti, la France aspire à quelque chose de nouveau. Un bon coup de Kärcher à la Sarko ? Ou la révolution rose d'une présidence Ségo ? N'importe, mais de grâce, pas les fachos !

18.11.2006

22.12.2005

08.06.2006

06.07.2006

FRANCE: LES TROIS CANDIDATS SOCIALISTES DÉBATTENT
ELLE A PAS DE PROGRAMME!
C'EST ÇA QUE J'AIME: CETTE SINCÉRITÉ!
HERRMANN

18.10.2006

01.10.2006

Micheline Calmy-Rey devient présidente de la Suisse en 2007.

14.12.2006

16.11.2006

22.01.2006

Après une gaffe, le porte-parole de Ségolène est mis à l'écart.

22.01.2006

CHIRAC CANDIDAT ?

26.10.2006

02.06.2005

LES ANNÉES CHIRAC

«Putain ! Douze ans !». Amateur de rillettes, élu grâce à sa marionnette des Guignols, réélu grâce à l'épouvantail Le Pen, Jacques Chirac aura emprunté au gré des cris de la rue tous les visages, de la France d'en-bas à celle du haut et de gauche à droite. Mais reprenons tout ça depuis le début…

05.04.2006

20.04.1995

Chirac remporte la présidentielle 1995 face à Jospin.

08.05.1995

Jacques Chirac succède à François Mitterrand. 18.05.1995

Mort de François Mitterrand. 09.01.1996

11.01.1996

12.10.1995

Chirac et son premier ministre Juppé affrontent la rue.

07.12.1995

RAS L'BOL!
ILS ONT CRU TOUTES VOS PROMESSES!
ILS M'ONT BIEN EU!
HERRMANN

12.12.1995

30.04.1998

... EN MAI,
FAIS CE QU'IL TE PLAÎT !
MAI
FÉRIÉ
FÉRIÉ
FÉRIÉ
GRÈVE
FÉRIÉ
GRÈVE !
BARRIGUE

16.05.2003

JE L'AI TOUJOURS SOUS-ESTIMÉ ...
LE JOURNAL
Chirac au coeur d'un système de financement occulte
RAINBOW WARRIOR
AFF. URBA
FINANCEMENT DU P.S.
CHAPPATTE

23.09.2000

CHIRAC DÉCLINE UNE CONVOCATION JUDICIAIRE
LA FONCTION PRÉSIDENTIELLE SERAIT GRAVEMENT ATTEINTE
SI J'ÉTAIS OBLIGÉ DE MENTIR
HERRMANN

29.03.2001

06.10.1997

09.03.1999

15.07.2003

Assassinat d'un dirigeant nationaliste corse.

18.08.2001

03.11.1999

05.11.1994

Prêt pour un deuxième mandat. 12.02.2002

DEUXIÈME TOUR DE LA PRÉSIDENTIELLE
CE SERA CHIRAC CONTRE LE PEN
...LES FRANÇAIS VONT DEVOIR CHOISIR ENTRE L'INUTILE ET LE DÉSAGRÉABLE!
CHIRAC
LE PEN

25.04.2002

Surprise du 1er mai 2002 : Le Pen au 2ème tour. 01.05.2002

24.04.2002

04.05.2002

23.04.2002

23.04.2002

ÉLECTION PRÉSIDENTIELLE
AU PREMIER TOUR, J'AI VOTÉ AVEC LE FRONT
MAIS CETTE FOIS, JE VOTERAI PLUTÔT AVEC LA CERVELLE
HERRMANN

01.05.2002

27.04.2002

04.05.2002

LA GAUCHE VOTE CHIRAC

04.05.2002

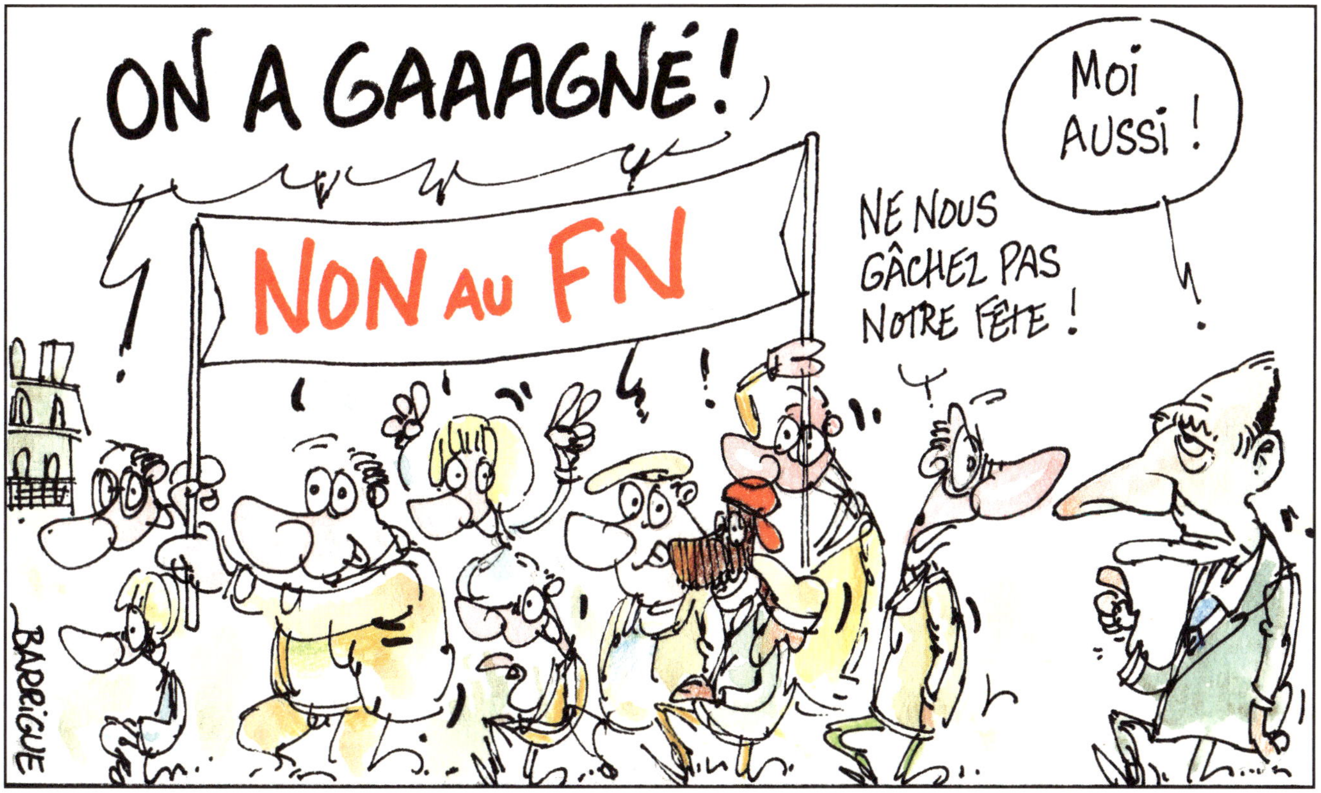

Plébiscite pour Chirac au 2ème tour.

06.05.2002

Jean-Pierre Raffarin : un inconnu premier ministre. 07.05.2002

18.07.2002

06.06.2002

Maurice Papon libéré pour raisons de santé.

19.09.2002

MONSIEUR PAPON... C'EST LA LIBÉRATION !
ZUT !
ÇA ME RAPPELLE 1945... ... UNE ANNÉE SOMBRE !
BARRIGUE

18.09.2002

25.08.2003

04.10.2002

27.11.2002

23.05.2003

06.11.2003

08.05.2003

10.03.2005

21.08.2003

26.08.2003

PAR MESURE D'ÉQUITÉ, LES JUIVES ET LES CHRÉTIENNES SONT AUSSI INTERDITES DE FOULARD ISLAMIQUE
Loi su les
Signe religieux
à l' cole
CHAPPATTE

18.12.2003

Signes religieux "ostensibles" bannis de l'école. 11.12.2004

Alain Juppé condamné à dix ans d'inéligibilité. 31.01.2004

BONJOUR MONSIEUR LE PRÉSIDENT ! JE VIENS, MAINTENANT, ENQUÊTER SUR UN EMPLOI FICTIF À L'ÉLYSÉE !
AFFAIRE JUPPÉ
SOCIAL
BARRIGUE

04.02.2004

La droite prend une claque aux élections municipales.

30.03.2004

C'EST UNE MALÉDICTION
CES NOMS QUI FINISSENT EN "IN"
BUREAU DU
PREMIER MINISTRE
DE VILLEPIN
RAFFARIN
JOSPIN
CASAL

05.03.2006

Les banlieues s'enflamment.

09.11.2005

13.11.2005

04.11.2005

NOUS AVONS PERDU L'ALGÉRIE, NOUS NE PERDRONS PAS CLICHY-SOUS-BOIS

06.11.2005

17.11.2005

10.11.2005

23.03.2006

Manifestations contre le contrat de première embauche.

11.03.2006

17.03.2005

04.04.2006

Le gouvernement enterre le CPE. 04.11.2006

31.01.2006

01.09.2005

21.09.2006

31.10.2006

27.10.2006

Banlieue
LES SOCIOLOGUES VONT ARRIVER D'UNE MINUTE À L'AUTRE
CHAPPATTE

31.10.2006

14.03.1996

LA GRANDEUR DE LA FRANCE

Trompetante vieille dame dans le concert des nations, cette France qui a su dire «NON» à l'Amérique en Irak est aussi celle qui mit son veto à la Constitution européenne. Barricadée dans sa neutralité de comptables, la Suisse se méfie de cette grandiloquence – et l'admire en secret.

13.02.2003

Reprise des essais nucléaires français dans le Pacifique. 02.09.1995

Commémoration des 50 ans d'Hiroshima. 06.08.1995

02.09.1995

Le régime Mobutu menacé par les rebelles. 10.04.1997

Côte d'Ivoire : la défense du pré carré africain. 09.11.2004

Visite de Jacques Chirac en Suisse. 29.10.1998

29.10.1998

17.12.1997

28.10.1999

30.06.2004

Opposition française à la guerre en Irak. 27.08.2003

18.09.2003

21.01.2004

28.04.2005

16.06.2005

15.06.1999

29.05.2005

Rejet de la Constitution européenne.

31.05.2005

23.04.2005

28.05.2005

02.06.2005

28.05.2005

05.06.1996

MADE IN FRANCE

Toute la planète est envahie par la globalisation. Toute ? Non, car un petit village peuplé d'irréductibles José Bové, Bleu de Bresse et Côtes du Rhône, résiste toujours. La France, si on ne l'avait pas, il faudrait l'inventer. Et déposer la marque.

NON
AU BOEUF
ÉTRANGER
DANS MON
HAMBURGER!
OMC
STOP!
CHAPPATTE

30.11.1999

L'EURO VU PAR...
...L'ALLEMAGNE:
BUNDESBANK
EU
RO
...LA FRANCE:
EURO
...L'ESPAGNE:
EURO
OLE
...ET LA SUISSE:
BANK
CHAPPATTE

30.04.1998

Marée noire du pétrolier Erika. 05.09.2000

TGV Paris-Marseille. 07.06.2001

30.08.2001

26.06.2003

20.06.2002

01.07.2000

11.08.2003

14.09.2000

Le couturier Yves Saint Laurent se retire. 08.01.2002

30.01.2003

31.03.2006

DRAMATIQUES INONDATIONS DANS LE GARD

12.09.2002

11.03.2004

28.07.2005

IL EST GROS, IL EST LOURD...
ET IL DÉCOLLE !
POURQUOI PAS MOI ?
A380
AIRBUS A380
SONDAGES RAFFARIN
BARRIGUE.CH

28.04.2005

Gros retards de livraison pour l'Airbus géant. 28.06.2006

01.02.2007

01.02.2007

30.05.2006

VUS à la TÉLÉ

Outre le foie gras, c'est ce que la France nous a donné de meilleur : des mélodies que le monde fredonne, des films à l'accent inimitable, bref, cette culture d'exception, ou exception culturelle. C'est pas Johnny Halliday, le plus célèbre des Belges devenus Suisses, qui dira le contraire.

17.12.2006

11.05.2001

06.07.2001

10.05.2001

LES GÉANTS DU CINÉMA SE RETROUVENT À CANNES
JE SUIS GROSSISTE EN POP-CORN

19.05.2005

22.01.2006

13.05.2006

L'ANNÉE PROCHAINE, C'EST TOI LE JURÉ ET MOI LE GONCOURT, OK?
CHAPPATTE

31.10.2000

14.01.2007

Johnny s'établit en Suisse.

17.01.2007

20.02.2001

Jeanne Calment meurt à 122 ans. 05.12.1997

13.01.2005

21.10.2005

16.06.2006

14.05.2005

26.01.2007

08.07.2006

ON EST LES CHAMPIONS !

S'il est un domaine où le Français, cet incurable chauvin, énerve ses voisins, c'est bien le sport. Surtout lorsqu'il brille au firmament des podiums. Quand les cyclistes dopés se dégonflent ou que le match se termine en coup de boule, le Français redevient sympathique. Bref, quand il perd, il devient un peu Suisse...

15.07.1998

01.07.2006

23.07.1998

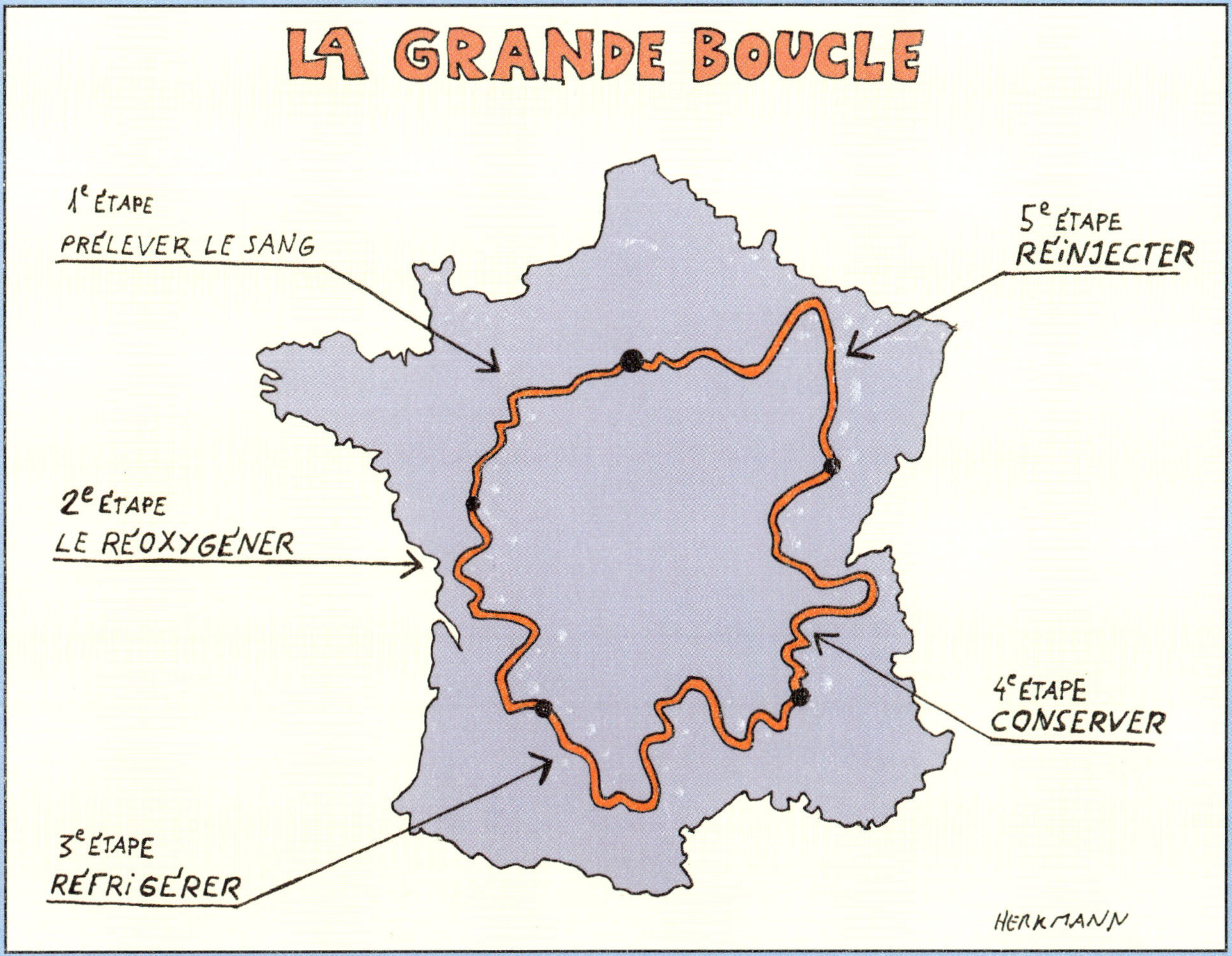
LA GRANDE BOUCLE
1e ÉTAPE
PRÉLEVER LE SANG
2e ÉTAPE
LE RÉOXYGÉNER
3e ÉTAPE
RÉFRIGÉRER
4e ÉTAPE
CONSERVER
5e ÉTAPE
RÉINJECTER
HERKMANN

22.01.2006

ILS TRANSPORTENT QUOI DE SI DANGEREUX ?
LES URINES DE RICHARD VIRENQUE !
POLICE

29.05.1999

09.08.2000

01.07.2005

JEUX OLYMPIQUES 2012
PARIS A TOUT POUR PLAIRE
...AH, LA PETITE FLAMME, LA FLAMME DE PARIS !...

09.06.2005

La Fédération Équestre Internationale s'inquiète, elle aussi, des cas de dopage.

28.01.2005

Coupe du monde de football. 22.01.2006

22.01.2006

23.06.2000

04.07.2000

08.07.2006

14.06.2006

11.07.2006

13.06.2002

16.07.1998

11.07.2006

INDEX DES DESSINATEURS

ALEX - Alexandre Ballaman
Né en 1972. Le plus jeune de la bande travaille à "La Liberté", quotidien du canton de Fribourg, depuis 2000.

BARRIGUE - Thierry de Barrigue de Montvallon
(www.barrigue.ch)
Né à paris en 1950, fils de Piem. A collaboré à "Rock & Folk", "Télérama", "La Quinzaine Littéraire", "Le Point", "Le Journal du Dimanche", "L'Unité", "France-Soir". A rejoint la Suisse en 1979, où il a contribué à la reconnaissance du dessin de presse.
Plume du quotidien populaire "Le Matin", le plus fort tirage de Suisse romande.
Plusieurs expositions individuelles et collectives.

BURKI - Raymond Burki
Né en 1949. Prophète reconnu dans son pays de Vaud natal, Burki, reconnaissable à sa casquette, œuvre en grand format pour le grand quotidien régional "24 Heures" depuis 1976.
Ses dessins aquarellés, ne comportant jamais de phylactères, lui ont valu plusieurs prix à l'étranger et en Suisse.

CASAL - Enrique Casal
D'origine espagnole, né au Maroc en 1957. Dessinateur du quotidien du canton du Valais, "Le Nouvelliste", depuis 1983, Casal est également guitariste du groupe de rock "Hendrixien".

CHAPPATTE - Patrick Chappatte
(www.globecartoon.com)
Né en 1967. Dessinateur de presse depuis l'âge de 21 ans. Un séjour de trois années à New York lui a permis de dessiner pour le "New York Times" et "Newsweek". Collabore au quotidien de référence "Le Temps", à Genève, à la "Neue Zürcher Zeitung" et au "International Herald Tribune". Ses dessins sont visibles sur "Yahoo! Actualités". Chappatte signe aussi des reportages en bande dessinée.

ELZINGRE - Jean-Marc Elzingre
Né en 1948. A contribué à la fondation du journal satirique "La Pomme" en 1970. De 1978 à 2005, il fut le dessinateur attitré du quotidien "L'Impartial" (puis également de "L'Express" dès 1997) dans le canton de Neuchâtel - avant d'être viré par le groupe Hersant, repreneur des titres.
Aujourd'hui dessinateur indépendant, Elzingre est aussi auteur de BD, avec "Childéric le Lutin" et la série "Le duo du banc".

HERRMANN - Gérald Herrmann
Né en 1958. A travaillé pour plusieurs quotidiens romands. Actuellement dessinateur de presse à "La Tribune de Genève" et à l'hebdomadaire zurichois "Sonntagszeitung".
A publié également quelques séries de strips, dont le plus récent, "Pixèle la puce", met en scène une puce philosophe.

L'ÉPÉE - Vincent L'Épée
Né en 1971. Dessinateur de presse du quotidien régional "Le Journal du Jura", à Bienne.
A collaboré au défunt magazine satirique "Saturne". Enseigne le dessin à l'école secondaire régionale de Neuchâtel.

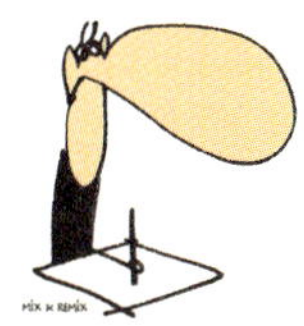

MIX & REMIX - Philippe Becquelin
(www.mixremix.ch)
Né en 1958. Évoluant à ses débuts dans la scène rock lausannoise, il a fait de la peinture avant de se consacrer au dessin humoristique. Dans le magazine "L'Hebdo" depuis 1987. Collabore aussi aux journaux "Lire", "Vibrations", et "Sonntagsblick", ainsi qu'à la Télévision suisse. Plusieurs expositions, dont une au Festival BD d'Angoulême en 2005. Mix a aussi lancé en 2006 un journal satirique, "1er Degré", devenu virtuel (www.1erdegre.ch).